パラパラめくるだけで引き寄せができる本

パラめく!

シャラン 著

Book Design
Yumiko Fujii

すべてのクヨクヨさんたちへ

プロローグ

もし、今、知られている「引き寄せ」という常識の大半が誤解だったとしたら?

例えば、

ワクワクする仕事をみつけて
成功しなくちゃいけないらしい！
とか、

なにに対しても感謝しまくってる人や、
コツコツ努力する人だけが報われるんじゃないか？
とか、

はたまたイメージが大事だ！
とか、

なにかをやり遂げた結果として、
未来にもたらされるものが幸せだ！
とか、

そんなあれこれが、本当は全部単なる

「都市伝説」でしかなかったとしたら!?

ここだけの話ですが……、この本でこれから語るのは、**そんな今までの考え方とは、まったく違う視点からの新しい「引き寄せ」論**です！

2016年4月　シャラン

目次
INDEX

004 …… プロローグ

010 …… 1.「引き寄せ」に関するたくさんの誤解
038 …… 2. クヨクヨさんって、どんな人？
068 …… 3. イライラさんって、どんな人？
078 …… 4. ニコニコさんって、どんな人？
083 …… 5. 慣れたゾーンから抜け出そう

088 …… 6. 宇宙カメラマンと引き寄せの関係

102 …… 7. 引き寄せのルール

122 …… 8. もっと気楽になるための思い込みの外し方

188 …… 9. 引き寄せリバウンドを回避する

196 …… エピローグ

200 …… おまけ　引き寄せMAP

1 「引き寄せ」に関するたくさんの誤解

最近やけに「引き寄せ」という言葉を耳にするけれど……

みんなホントにできてるの!?

「引き寄せ」の法則について、今まで調べたり試してみたことがある人なら、絶対に一度はこんなツッコミを入れたことがあるはず。

なんか
"引き寄せ"
高学歴だとか、家柄がいいとか、
最初から、ある程度、
恵まれてる

の成功者って、カリスマ性があるとか、優れた能力があったり、人ばかりじゃん！

そう、おっしゃるとおり！

初めから条件の整っている人ほど、引き寄せをするには有利なのです。

そして、スゴい人ほど、よりスゴくなりやすい。

なぜなら、

当たり前だと思っていたり、ホンネが叶うのが引き寄せだから！

生まれたときからお金持ちなら、それが当然なので、その当たり前の部分が叶って、ますますお金持ちになる。

生まれつきイケメンだったり美人なら、モテるのが当たり前なので、ますますモテる。

じゃあ、もとからお金持ちでも、イケメンでも美人でもなくて、すでに若くもなければ、学歴だってたいしたこともない自分なんて、なにをしてもダメじゃん……。

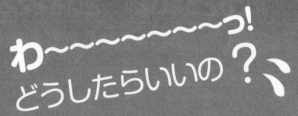

そう思っちゃった、そこの人！

ちょっと待った！

そんなアナタのために、この本があるのです。

この「パラめく本」で目指しているのは、
そんな <mark>他人より優れているところなんて、なにひとつないよ！</mark> というところから <mark>出発した人が、いかにして引き寄せの意識を身につけるのか？</mark> ということ。

だから、あきらめるのはまだ早い！

というわけで、ここからが本題です。

いろいろなものを引き寄せる幸運体質をつくるためには、「〝ワクワク〟することに挑戦しよう」とよく言われているけれど……。

そら来た！

それだよ。
それができないんですよ（T_T）

まず、ワクワクすることが見つからないし、

見つかったところで、**今やってること（仕事）を辞めると生きていけない。**

だから、ワクワクすることにトライする勇気が出ない……。

「ワクワク」することに生きられるのは、きっと一部の優れた人だけだよ！　って思ってるでしょう？

ワクワクすることができないと思い込んでいる人は、
他にこんな誤解もしている。

ワクワクすることとは、立派なことでなければならない、と。

ところが、ホントは全然違う。

{ ワクワクすることとは、社会的に認められていたり、なにか(お金など)を生み出すことである必要はないんです！

そんなバカな！？　と思った？

でも本当なんです！　だいたい多くの人が、その辺りを勘違いしている。

ワクワクすることが、「宅飲み」だったり、「カラオケ」だったり、「ジョギング」や「鍋をピカピカに洗う」ことだったり、「ネコと遊ぶ」なんてことでも、

まったくOK!

もくもくと
やっちゃうことの中にも
幸せがあるね

無心になっちゃうね

なぜかと言うと、それは、あなたの気持ちを落ち着かせたり、楽しませたりする行動だから。つまり最終目的は、

「自分の心を安らかにすること」

「自分の心を楽しませること」

なんだよね！

思い出してみて。確か「引き寄せられてくるもの」というのは、
「あなたの心が現実に反映した姿」だったはず。だから、

「あなたの心の安らぎ」は「現実世界の安らぎ」を引き寄せるんだ！

と考えると、「あなたが安らげた」時点で、実はワクワクを生きることができているとも言えるんです。

そして、
不思議なことに、
安らぎという小さな
ワクワクからの出発
だったとしても、
なれちゃうんだよね。
成功者に!

だって、「安らいだ空気を出している人」のところには、自然に人や情報やチャンスが集まってくるという法則があるから。

たとえ小さなワクワクでも、つかみ方のコツが分かってくると、

**大きなワクワクを
つかむための行動が
自然にできるように
なってくる。**

気持ちも前向きになるし、環境も整ってくるからね。

そうすると、「今の仕事」を辞めることもないし、
勇気だって必要なくなるわけです。

ちなみに、**ワクワクすることは
毎日しなくても大丈夫。**

ワクワクには
一貫性だってなくていい。

例えば、今日はワクワク歌って、明日はワクワク〝サイクリング〟に行って、明後日はワクワクゲームや宅飲みをしたって気にしない。

ワクワクすることが、儲けになったかとか、
「ステイタス」につながったとか、
**社会的な側面について
考える必要はない。**

ただ、取り組んでいるその瞬間に、

「自分の心は満ち足りているか?」と質問してみるだけでいいんです。

どう?
これならできそうでしょ!

あなたをワクワクさせるものについて書いてみよう！

さて、ワクワクするものは見つかったかな？
実は「引き寄せ」をする上で心掛けて欲しいポイントが2つあるんです。
まず1つは、「ひらめき」を得ること。

いつも問題を自分の力だけで
解決しようとして
疲れてしまうことが多いでしょ？
だから、がんばり過ぎは絶対禁物。
なぜなら、ひらめきを得るために
必要な心の余裕を、
奪ってしまうからなんだ。

２つ目は「行動する」こと。

引き寄せの力に頼りすぎて、祈ったり、願ったりするだけで、必要な行動すらしなくなってしまうという、ダメなパターンに陥る人が実は結構多い。

この落とし穴にハマると「自分はこちらの方向を目指すよ！」と発信する力が弱くなる。

つまり引き寄せの法則が宿る**宇宙に**

「自分は待ち続けます」

と発信しちゃうことになるんだ。

引き寄せの宇宙サイドから見ると「ああ、待つことが願いなんだね。OK OK！」という話になって、

結果、ずっと待たされちゃう。

じゃあ、どうしたらいいのか？

**それには、精神的な余裕をキープしつつ、
ひらめいた範囲で
　　　行動することが大切**なんだ！

こちらからまず
１歩を踏み出すと、
引き寄せの宇宙は、
100歩近づいて
来てくれる。

その1歩というのは、踏み出すと疲れきって死にそうになるような、あるいは勇気のいるような行動なんかじゃない。

「あの場所へ行ってみよう」とか、
「あの人に会ってみよう」とか、
「ちょっとググろう」とか、
「だれかに誘われて、気になったから出かけよう」とか、
そんなささやかなことなんだよね。

だから、「引き寄せ＝本人がなにもしなくても願いが叶うシステム」だとは誤解しないでほしい。

本人が、ひらめきにそって行動することで初めて、願いが叶うシステムなんですよ！

なぜ世の中には、引き寄せができる人と、できない人がいるんだと思う？

それは、

引き寄せが「技術」ではなくて「感情」に由来するものだから。

感情をケアしてアップさせることができるかどうかで、望むものを引き寄せられるか、決まってしまうからなんだよ。

今まで多くのメディアでは、引き寄せの「技術」について語られることがほとんどでした。

そして、もともと感情がある程度アップしている人たち、つまりこの後で解説する「イライラさん」や「ニコニコさん」といった層の方々だけが、その技術を生かし、結果を出せたのではないか、と自分は考えています。

でも、そこにまで至っていない「クヨクヨさん」のほうが大多数なんです。だからクヨクヨさんが、ニコニコさんやイライラさん向けの技術を使っても逆効果になるばかり。

次からは、この「クヨクヨさん」「イライラさん」「ニコニコさん」について、お話していきますね！

2 クヨクヨさんって、どんな人？

クヨクヨさんの本格的な説明に入る前に、引き寄せの世界で、人は大きく3つのタイプに分けられることをお話しておきます。それを、この本では、

と呼んでいます。

それぞれの特徴をイラストで説明するとこんな感じかな。

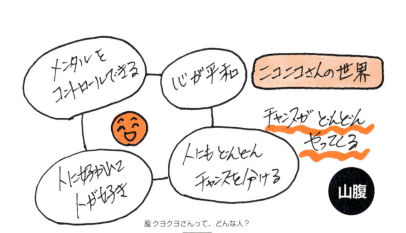

② クヨクヨさんって、どんな人？

実は、この「クヨクヨさん」「イライラさん」「ニコニコさん」のだれもが「引き寄せ」ること自体には成功しているんだ。知ってた？

違っているのは「引き寄せているもの」なんだ。

つまり最初に解説するクヨクヨさんというのは、あれこれ必要以上に思い悩むことによって、そんな現実をつくっちゃう（引き寄せちゃう）タイプの人たちのことなんです。

今まで、世の中に紹介されてきたポピュラーな引き寄せの方法で、なぜクヨクヨさんたちがうまくいかなかったのか？　それは、その手法のほとんどが「イライラさん」や「ニコニコさん」という人たち向けのものだったから。

それが良いとか、悪いとかという話ではなく、単純に**クヨクヨさん向けの方法ではなかった**、ということなんだ。

だから、まずは **深海２０００ｍくらいの場所に沈んでしまっているクヨクヨさん** に、自分自身の状態のヤバさに気づいてもらうところから始めていきたいと思います。

クヨクヨさんは、とにかくいろいろなことを日々ガマンしている。彼らからは、平野にいるイライラさんが「言いたい放題」「ワガママ放題」「やりたい放題」に見えるかもしれない。

だから、**クヨクヨさんの自分はいつか報われて、逆に人間のできていないイライラさんは近い将来にその報いを受けるに違いない**、なんて思ったりしていないかな？

実は、その考え方が、大きな間違いなんだ。

クヨクヨさんは、イライラさんになることが悪いことだと思っているけれど、そんなことはない。

イライラさんを経由することが、望むものを引き寄せるニコニコさんになる一番の近道

だということを、最初に知っておいてほしい。

もしも、自分がクヨクヨさんタイプだと思ったら、強く自覚しないといけないこと。

それは「深海２０００m」に住んでいる、ということだ。

今いる現在地が、はっきりしないのに、目的地は目指せない。

地図を見ながら目的地へ向かうとき、
最初に自分の現在地を確認するでしょ？

それと同じだね。

でも、そもそもなぜクヨクヨさんが、そんな深みに
ハマッてしまっているのか？

それは基本的に、

自分のことを、どこかで嫌ってるからなんだよ～。

つねに、ダメ出しして、
「自分なんて……」
と思っている。

クヨクヨさんは、すぐ自分のことをダメな人間だと思い込んじゃうんだよね。

クヨクヨさんの日常ってこんな感じかな。

悲しいニュースを見ては、暗い世の中を嘆く。

シクシク……。

常に未来への不安で満ちている。

ブルブル……。

だれかから不当な攻撃を受けていると思い込む。

ヒヤヒヤ……。

過去の不幸な体験を思い出して、なかなか決断できない。

ウジウジ……。

そして、まわりの人から無理難題を押し付けられても、

とは言えない。

ガマンして「YES」と言い続けて、怒りや不満を心にためているけど、

世の中がそういうものだと、どこかあきらめている。

クヨクヨさんは、似た者同士で集まって、愚痴を言い合うことも多いんです。

その気になれば、どこへでも行けるのに、自分が無力だというレッテルを貼ってしまっているんだ。

クヨクヨさんはまた、こんなふうに考えることも多い。

無力な自分に変わって、力のあるだれか、
例えば、親やパートナー、職場の上司や政治家なんかが、

この間違った世界を なんとかしてくれるはず

だと思っていたりもする。

そして、もしそれが叶わなかった場合は、すべて彼らの怠慢だと決めつけて恨んだりする。

困ってしまうのが、

だれもやらないなら、自分でやってやろう！
という考えには至らない

ところなんだよね。

要するに、クヨクヨさんの基本姿勢は **受け身** なんだ。

それは、いつも疲れているからなのかもしれない。

本当は健康なのに、自分の体調を心配しすぎて病気になってしまう。

こんなことは、クヨクヨさんにとっては朝メシ前だ！

ある意味クリエイティブ！？
……と言えなくもないかもね（苦笑）。

不幸の種にばかり目がいってしまい、その量を数えてつらくなって、元気のエネルギーがチャージされる暇もないんだ。

② クヨクヨさんって、どんな人？

クヨクヨさん 「チャンス」も 見えてしまう

このバッテリ切れの症状がひどくなると、引きこもりになったり、ウツになったりするわけだ。

自分より強い立場のだれかが、常に自分に目を向けてくれていて、構ってくれたり、かばったりしてくれることを、いつもどこかで期待している。

にとっては、
「ピンチ」に
んです。

クヨクヨさんの目の前に絶好のチャンスがあったとしよう。慎重といえば聞こえはいいかもしれないけれど、彼らの場合はその度がすぎていることが問題だ。

必要以上に悩み、疑っているうちに、

せっかくのチャンスも逃げていってしまう。

また、世の中の不具合を正すことは他人に任せてしまう一方で、だれに対しても用心深いという一面も持っている。他人は、自分をだましたり、攻撃したりするものと、思い込んでいる節があるんだ。

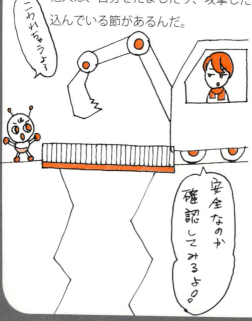

ちょっと矛盾しているかもね。

クヨクヨさんの思考は、主に心配の種を探すことに忙しくて**余裕**がない。

だから

インスピレーションもわかなくなってしまう。

一度、無人島にでも行ったほうが、気持ちもリセットされていいのかもしれない。

また、自分のことに気持ちが集中しすぎて、広い視点からものが見られない、というところもあるかもね。

現実化するのは、いつだって心の中の「本音」と決まっている。

だからクヨクヨさんが居る場所は、

いつもなにかに怯えている世界

だとも言える。安心して元気になるスキがないんだ。

こんな状態のクヨクヨさんって、ちょっと

ヤバくない？

ここまでで、すべてに心当たりがある人は、落ち込んじゃったかもしれないけれど、それに気づくこともイライラさんになる道への第一歩なんだよ。

**早くイライラさんになって、
逆にピンチを利用するくらいの余裕と
したたかさを持ってみよう！**

クヨクヨさんへのメッセージ　from シャラン

クヨクヨさんは、正直者だ！　真面目だ！　善良だ！
そんなクヨクヨさんにこそ、本当に幸せになってほしい、
と自分はいつも思っています。

クヨクヨさんが残念なのは、「**自分を大切にできない**」ってこと。
どこかで、それを良しとする価値観を身につけさせられたんだね。

自分の身もかえりみず、ある種、献身的なクヨクヨさんは、
いい人すぎて、イライラさんにならないように努力してしまう。

だけど、**クヨクヨさんが自分を変えようとしたときに、
一番してはいけないのは、一気にニコニコさんに変わろう
とすること**だ。

深海から脱出するためには、一時的にでもイライラさんに
なる必要がある。気持ち的な部分で、クヨクヨさんにとっ
ては一番の試練になるのかもしれないね。

では、なぜイライラさんになることが必要なのか？

それは、イライラさんの状態になると、**本当の自分の気持ちに気づくことができる**から。

クヨクヨさんからイライラさんになりかけのときは、きっと、

苦しい
つらい
もうイヤだ！

と泣き叫ぶ声で、心の中がいっぱいになるんじゃないかな。

そうしたら、まずは紙の上にそんな気持ちを吐き出してみるんだ。それを「人」にぶつける必要はないから、軽い気持ちでやってみて。

いい人になりすぎると、人生はつらいことばかりになる。

たまには、ちょっと悪い人になって、どんどん紙に「本音」を書きまくって、それをクシャクシャにして捨てる。

すべての思いを出し切って、書くことがなにもなくなるくらいまで、このゲームをやってみよう。

そうすることで、初めてニコニコさんへの道が開けるという引き寄せの不思議！

心の中に吹き溜まったつらい感情がないか、いつも自分を気遣ってあげて。そして、気づいたらいつでも、それを紙の上に吐き出すんだ。

その過程で、涙が流れたり、怒りがわいてくることもあるけれど、そのまま出しきってしまおう。

スッキリした後には、自然と微笑むことができるようになっているはず。

だれの迷惑にもならない方法だから、安心してトライしてみてほしいと思います！

3 イライラさんって、どんな人？

クヨクヨさんのいるところが、深海２０００ｍだとしたら、イライラさんのいる場所は **平野** ってところかな。

深く沈んではいないけれど、高みにいるわけでもない。

そして、イライラさんは、

今の場所が最良だと思い込んでいる。

でも、本当は、平野に留まろうとしないで、そこから一歩踏み出してほしい。

もし、今より一段でも高い場所にたどりつけたなら、その視界が今までのものよりも、ずっと開けていることが分かるはず。そうすると、

> 平野の先に
> ニコニコ山への道が
> 続いていることに、
> 気づくことが
> できるんだ！

ぜひ、その感覚を一度味わってもらいたい。

イライラさんは、基本的にとってもがんばり屋さん。

でも、その意識が強すぎて、強引だったり、相手を出し抜いたり、やり込めたり……、そうすることができたら勝ち、という自分ルールの中で生きている。

傍から見ると、

一体、なにと闘っているんだ！？

という感じ。

勝ったら元気になり、負けたら消耗、ということを繰り返している。

周囲の人と対立することで、どうやったら自分の優位を示すことができるかについてばかり、いつも考えているんだ。

なので、例えばイライラさんはクレーマーになりやすい。

不満を感じたとき、クヨクヨさんなら嘆くだけなのに、イライラさんは嫌なことを**攻撃に変えてしまう**。

確かにイライラさんのまわりはトラブルが多いけれど、自分のことは大好きなので、

クヨクヨさんより元気

ではあるんだよ！

それは悪いことじゃないんだ。

困っちゃうのは、**融通が利かない**ところかな。

「○○すべき」「○○しなければならない」という発想になることが多いから、それが**周囲の人や自分を悪い意味で縛ってしまう。**

また、イライラさんは勝利するために、同じ場所ではなく、常に相手より有利な高い場所にいなければならないと強く思い込んでいるから、クヨクヨさんとは別な意味で**余裕がない。**

だから、やはりインスピレーションを受け取りにくくなってしまい、**そこからなかなか成長できない**んだよ。

自分に思い当たる節はあったかな？

そんなイライラさんたちには、さて、どんなメッセージを贈ろうか。

イライラさんへのメッセージ　from シャラン

イライラさんが、がんばりすぎているうちは、だれもあなたに助け舟を出せない。この際、自分のために次の言葉を使ってみよう！

「SOS!」

あなたが、ちょっとサボったり、のんびりしたからといって、この世界は滅びたりはしないよ〜。

なぜか「引き寄せ」というのは、頭を空っぽにしたときに、突然ひらめいて、それを信じて進むと良い結果が出ることが多いんです。

だから意識的にボーッとしてみて！

イライラさんの症状には、このくらいの **ユルさ** がとっても効果的なんだ。

4 ニコニコさんって、どんな人？

ニコニコさんの居場所、それは **山腹** だ！

登山の途中なんだよね。

そこは花咲き乱れる景勝地ばかりじゃない。危険な場所も当然ある。

だけれど、**ニコニコさんにとっては、急な勾配だったり、険しい道を進むことすら楽しいこと** なんだ。

クヨクヨさんやイライラさんと大きく違うところだね。

なぜなら、そこを通れば

さらに美しい場所に行ける

ことを、ニコニコさんは知っているから。

山頂は遥か先かもしれない。

でも、登れば登るほど、風景が輝いてくる。

そこから見える景色は、とっても雄大で、深海や平野で見たものとは、まったく別のもの。

だから、ちっとも苦にならないんだ。

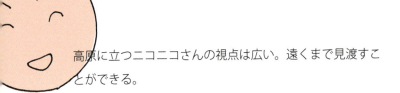

高原に立つニコニコさんの視点は広い。遠くまで見渡すことができる。

でも、ニコニコさんは **今に集中** している。

終わった過去をいつまでも嘆かない。

サッパリ！

いたずらに未来のことを心配しない。

スッキリ！

「今を楽しもう」「今ある豊かさを受け取ろう」「自分で豊かさをつくりだして、今一緒にいるだれかと楽しもう」と考える。

また、ニコニコさんは心が安定していてコミュニケーションも取りやすい。だから、自然とまわりに人が集まってきて、**チャンスも訪れやすい。**

そして、そのチャンスを生かそうとすると、最高のタイミングで協力者たちが現れ、**たいていのことがスムーズに進んでいく。**

きっとニコニコさんの目には、周囲を疑いつづけて失敗するクヨクヨさんや、勝ち負けにこだわりすぎて七転八倒しているイライラさんの行動なんかが、不思議でしようがないものとして映っているに違いない。

さて、あなたは
ニコニコさん
だったかな？

ニコニコさんへのメッセージ　from シャラン

正直、そんなニコニコさんに、アドバイスの必要はないかもしれない。

できることなら、お願いがひとつ。

存在そのものが世界を明るくする貴重な人なのだから、その勢いでニコニコパワーを、**たくさんのクヨクヨさんやイライラさんに感染させてあげてほしいです！**

ニコニコさんは、いわば世界の救世主みたいなもの。

でも、世の中には、ほとんど存在しないと言ってもいい。

少し前に、クヨクヨさんは似た者同士で集まりがちだと話したけれど、**もしニコニコさんたちがニコニコ山の頂上を目指して集まったなら、**引き寄せのための大きな力が、広まっていくはず。

そんなふうに自分は思っています。

5 慣れたゾーンから抜け出そう

さて、あなたは次のどのタイプだったかな？

「深海」（クヨクヨさん）

「平野」（イライラさん）

「山腹」（ニコニコさん）

それぞれの途中にいる人だっていると思うんだけれど、

大体の現在位置はつかめたでしょ？

ほとんどの日本人が「クヨクヨさん」だと言えなくもない今の時代、「そんな人たちに読んでほしい」という願いのもと、今回は「クヨクヨさん」の話が中心になったけれど、なんとなくでも **目指す先が見えてきた** なら嬉しいです。

人は変化を怖れるもの。

今まで慣れた場所から新しい場所——つまりクヨクヨさんがイライラさんに、イライラさんがニコニコさんになるというプロセスをたどることは、なかなか抵抗が生まれることかもしれない。

途中で「モヤッ」とする感覚に襲われることもあると思うけれど、みんなと一緒に

「引き寄せ」の頂上を踏破 したいよね！

ここまで「パラめく」してきてくれた人なら、

引き寄せとは「人とのつながり」がもたらすもの

ということが分かったはず。

だから情報もチャンスも、みんな人が運んできてくれるニコニコさんは、**「引き寄せ」を「引き寄せる」最強の磁石を持った引き寄せマン**なんだ！

クヨクヨさんも、イライラさんも、じっくりと固定観念や思い込みを取り払っていけば、ニコニコさんに近づくことができるんだよ。

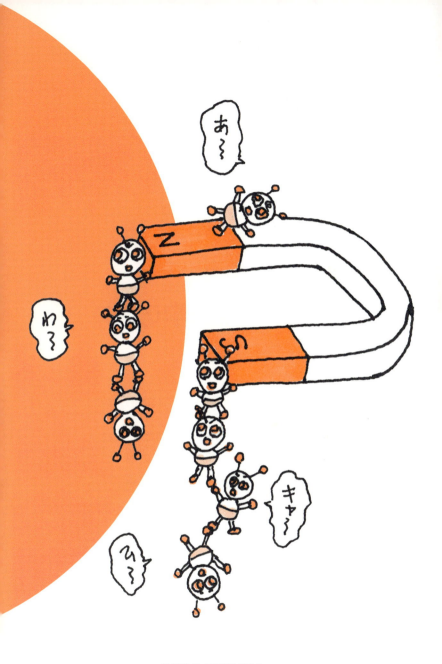

慣れたゾーンから抜け出そう

6 宇宙カメラマンと引き寄せの関係

準備が整ったところで、ここだけのヒミツの話を。

引き寄せの宇宙にいる"カメラマン"の存在についてです。
とりあえず「宇宙カメラマン」とでも命名しておこうかな。

このカメラマンの仕事はなにか？

それは、みんなの **「心の中の本音」**

を毎瞬撮影・録画して、それを未来として表現すること。

もちろん、あなたの心も毎瞬撮られているわけなので、

今のあなたの現実は、ちょっと前のあなたの心の状態

ということになるんだ。

本音が現実化するという宇宙のしくみには
「宇宙カメラマン」という存在が関わってた！

「へ〜きだよ」

本音 ↓

「しょぼーん」

パチリ！

「オーダー通りました」

本音を撮る
宇宙カメラマン →

⑥ 宇宙カメラマンと引き寄せの関係

おまたせしました
現実化
しまーす

←宇宙カメラマン

ちょっと
タイムラグがあるんだ

例えば、いつも将来について不安で不安でしょうがない人なら、こんな現実に。

人生って こんなかんじ？

いつもパニックになりがちな人なら、こんな未来がやってくるという感じ。

勘の良い方なら気づいたかもしれないけれど、実は、この宇宙カメラマン、ちょっと困ったキャラ設定になっている。絶望的にＫＹ（空気が読めない）だし、なぜか願いの対象を必ず本人だと勘違いしてしまうんだ……。

「自分がなにもしなくても、スゴくいいことが起こりますように！」と願ったなら、**「棚ボタを期待して待ってる状態の自分」**が現実化されてしまうし、

「嫌いなあの人が不幸になりますように！」と願ったなら、たいていの場合、

不幸になるのは嫌いなあの人ではなく、ア・ナ・タ！

になってしまうんです！

⑥ 宇宙カメラマンと引き寄せの関係

え……？

その撮影、ちょっと待ったァーッ!!

……と、思わず叫びそうになったでしょ？

こうなってくると、ある意味ホラーだと言えなくもない。

では、一体こんな

空気の読めない
KYカメラマン

には、どんな **対策** をとればいいのか？

安心してください。その辺の抜かりはありません。

その秘訣を、これからお話ししていきましょう！

もし、アナタがクヨクヨさんやイライラさんで、

「自分は元気です！」
「自分は怒りっぽくありません！」

とアピールしたなら、ＫＹで本音を撮影してしまう宇宙カメラマンがビジュアル化するのは、

**「元気です！
穏やかな人柄です！
と無理して見せかけることに、
苦痛を感じている」**

アナタになってしまう。

これが今までのパターン。

そこで、実践してほしいのが、いきなり元気になったり、穏やかになるというトップを目指すのではなく、その途中に1ステップを増やすこと。

「くすぶっている感情を上手に解放しつつある自分」というクッション を1つ置いてみて。

また、もしアナタが棚ボタ待ち系の人だった場合、

少しだけ現実化が進むように、自分ができるなにかをやってみること。

無理はしないで、できる範囲でね！

紙に書いたり、だれかに話したり、ネットで調べてみたり、自分の元に届いた情報やチャンスを活用してみたり。

たったそれだけでも、ただ待っていたときに比べると、状況はスゴく変わってくる。そうすると、宇宙カメラマンが撮影するのは、「待ち続ける自分」ではなく、

「行きたい未来の情報を集める（受け取る）自分」 に変わってくる。

願いの意識が「行きたい未来の情報」に集中するので、

すんなり現実化 していくんだ。

クヨクヨさんも、イライラさんも、それ以外のどんな人だって、建前の現実化なんて望んでいないでしょ？

みんなの目指す未来は違っても、最終的に「ニコニコしたい」という根幹は、変わらないはずなんだ。

ほっこりしている自分、安心してる自分、穏やかな自分、人の幸せを願っている自分……。

あなたのこれまでの願いは、
そのままオーダーしても大丈夫？

もし、本当に宇宙カメラマンに撮ってほしいと思う未来が見えてきたなら、

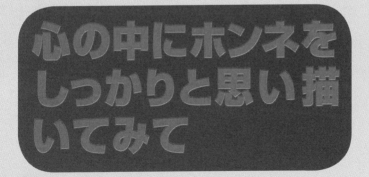

心の中にホンネをしっかりと思い描いてみて

くださいね。

あなたのオーダーを
書いてみよう！

7 引き寄せのルール

さまざまなシーンで、具体的にどのように意識を切り替えていったらいいのか？ これまでの話を振り返りながら、そのきっかけになるようなルールをまとめてみました。

1．鏡の法則を忘れない

突然ですが質問です。

「今、あなたは、なにを発信していますか？」

なぜ、そんなことを聞くのかって？

それは、**引き寄せの法則は「鏡の法則」**だとも言えるから。**受け取るものは与えたものになる、**ということなんだ。

だから、この最初の質問は、
「あなたはなにを与えていますか？」
と置き換えることができるんだよ。

メソメソしていたり、ツンツンした顔で周囲の人と向き合っていると、それが自分の元に返ってくることになる。

それなら「最初からニコニコしていれば解決！」と簡単に思ってしまうかもしれない。でも、これが言うほどカンタンではなかったりするんです。

大切なことなので、もう一度言います。

鏡に映るのは、表面の表情ではなくて、心の内面の感情

だということを、いつも忘れないでいて。

いくら外見を着飾っても。内面を磨かなければダメというリアルの世界と、少し似ているかもしれないね！

2．無理や我慢をしない

表面上、いくら笑ってみたところで、鏡にはこう映ってしまっている。

つらいのを耐えて、ニコニコしているふりをしている自分。

すると、現実化するのは……、つらくても、それを我慢して、作り笑いを浮かべている人生。

そんなのイヤすぎるゥ〜〜ッ‼

それなら最初にすることは、

一度に「無理」をしないこと！

無理の無い範囲で、自分が幸せに感じることを日常に増やしていき、

意図的に自分をほっこりさせちゃおう!

本心が「ほっこりして幸せ」なら、ウソも無理もない状態でしょう？

それが鏡に映ることになるから、自然にそんな環境がやってくるようになるんだ。

問題なのは、**この環境が変化するまでのタイムラグを待てない人が多いこと。**

1カ月かかる人もいれば、翌日変わる人もいる。

こればかりは人それぞれなので、
気長に待ってくださいね～。

3. 今ある幸せを実感する

「たくさん自分に良いものが
届きますように〜！」

そんなふうに日々願い続ける人生

を実現させないように気をつけてね。

……きっと思い当たることがあるでしょ？

まったく、この「引き寄せの鏡」というのは、一筋縄ではいかないものだよね！

4．類友の法則

もし、アナタが自分に尽くしてくれる人ばかりがいる世界を望んだとしたら？

悲しいことに、そこに引き寄せられてくるのはきっと、「自分のために尽くしてくれることを望む」人々ばかりになるんです。

ひとりひとりが
お互いに「尽くすこと」を
要求しあう世界。

……うん、絶対住みたくないね！

鏡の法則だけでなく、こんなふうに、
同じ性質のものが引き寄せられてくる
というルールがあることも、お忘れなく。

5. 鏡の法則（再）

最初に戻ってもう一度質問！

「今、あなたが発信しているものは？」

分からない？

それなら、周囲の環境を見まわしてみて。

目の前に現実化されているものが、あなたが発信してきたものなんです。

そろそろ **意識を切り替えていく、物事の考え方のコツ** が分かってきたかな？

6. 1人になっても大丈夫

自分が変わっていく過程で、今まで仲の良かった人が離れていき、進む道が合っているのかどうか、不安になってしまったことはないですか？

自分が幸せになろうとするとき、同じように幸せになろうとしている人たちと再度つながることになる

んだけれど、その前に、**今まで交流があった人たちとの縁が切れることがある。**

これは、ある意味、仕方がない自然の法則。

類友の法則と関係してくる部分でもあるので、**潔くあきらめて変化を受け入れよう！**

そして、たまには俯瞰視点で自分を眺めてみて。

単なる「メンバーの入れ替わり」ということが分かって、寂しさも半減するはず。

7. 楽しんで与える

美味しい物が食べたい、出先での駐車スペースをすんなりと確保したい、さらには、マンション、車、お金、仕事などなど、そういったものを引き寄せたいときは、

とにかく与えるに限る！

でも、注意点がいくつか。

「とにかくなんでも欲しいんです」

そんな人のまわりに集まるのは、どんな種類の人たちだったか思い出せる？

そう。**同じように「見返りを求める人たち」**なんだ！

ちょっと待って。

果たして、そんな人たちに囲まれて幸せだろうか？　まあ普通はそんなのイヤだよね。

では、やるべきことは、ただひとつ。

見返りを求めずに与えること。

そんなの損にしかならないって？

そんな考えをまだ持っているようなら、「鏡の法則」や「類友の法則」のような引き寄せシステムを攻略することはできません！

本来すべての人は善なる存在のはず。

だけど、いつの頃からか、

「見返りを求めず与えること＝損」という思い込み

が、世の中には定着してしまっているんです。でも、それは間違っていることを、ここで知ってほしいな。

あなたが周囲に与えるものは、物やお金じゃなくてもいい。**とっておきの情報とか、チャンスとか、気持ちのよい挨拶とか、スマイル**だって構わないんだ。

大切なのは、

相手も喜び、自分も幸せを感じられるものを与えること。

そんな毎日を続けていくことができたなら、

相手から直接ではなく、いつかどこかのタイミングで、明後日の方角から、素晴らしいものがアナタの元にやってくる。

まあ、この場合も、タイムラグがあるので、たいていの人はそこまで待てずに積み重ねをやめてしまうんだけどね。

8. 引き寄せという生き方

ここまで見てくると、引き寄せというものは、

小手先の技術ではなく、生き方そのものだ！

ということが、よく分かるでしょ？

なにか特別なことがなくても、自分の普段の日常が自然に幸せという状態になると、たいていのことは知らないうちに叶ってしまう。要は、

「どれだけ自然に自分自身に愛情を注いでいるか」

ということに尽きるかも。

それができない状態のまま、「だれかからの愛情が欲しい」と願うから、そういう人ばかりが集まってくるという悪循環に陥ってしまうんだよ。

想像してみて。
「いかにして自分に愛情を注いでもらうか？」
みんながそのことしか考えていない世界を。

ゾッとしちゃうよね。でも、

「自分に注いだ愛情を周囲にも広げていく世界」は、「まわりの人に無理をさせない世界」

になるんです。

その世界の住人の心の中はいつだって平和そのもの。

「人というのは、ホッとする人といっしょに居たくなってしまうものだから、そんな人になってしまえば、後は自然にいろいろな物事が、向こうからやってくる」

というわけですな！

9. お金を介さない

通貨というシステムは確かに便利だけれど、欲しいものを手に入れたいときには、**遠回り**になることがある。

例えば、「お金」を引き寄せて、それで車を買って……という割とシンプルな方法から、「お金」で外見を磨いて、条件の良い「恋人」をゲットして、結婚してから「車」を買ってもらう、なんていう超回りくどいパターンもある。

でも、ダイレクトに「家」や「車」を手に入れる方法だってあるということを忘れていないかな？

現代人が縛られがちな、「お金を介して」引き寄せるテクニック。よくよく考えると、実は必要ないかもしれないね。

それもそのはず。

引き寄せのシステムは、「お金」が発明される前から機能しているんですから！

10.「だれかが願っている幸せ」と「自分の幸せ」

みんなが願うスタンダードな幸せは、本当に自分にとっても幸せなこと？

これだけたくさんの人がいれば、なにに幸せを感じるか、その感覚も人それぞれということになってくる。逆に、みんな同じほうが気持ち悪いかもね！

幸せへの最短コースは、常に本音を聞くことができる自分になること。

だから、それができていれば、**他人が認める幸せと違っていたって、戸惑う必要はない**んだよ。

胸を張って自分だけの幸せを主張してみよう！

8 もっと気楽になるための思い込みの外し方

望むものを引き寄せるためのコツは、なんとなくつかめたかな？

でも、せっかく意識を切り替えたのに、「常識」や「固定観念」といったものに縛られて、元に戻ってしまうケースがホントに多い。

そうした「思い込み」をいかにして外していくか？

最後は、その方法をたっぷり紹介するよ〜。

[その1] 普通は安心？

家族構成が両親2人と子供が1人だとか、満員電車に揺られて毎日きちんと学校や職場に通っているとか、年収が400万円とか、いろいろな普通があるけれど、これって安心なことなのかな？

そんなことはない。

普通や平均は、時代や場所が変わると全然違ってくる！

環境が変わると、今まで普通だったことが急に普通じゃなくなったりする。それなら、

普通である必要なんてないよね！

［その2］自分の範囲

一体、どこからどこまでが自分なんだろう？

いま食べたものは、口に入った瞬間から「自分」になるの？
それとも、消化吸収が済んだ時点で「自分」になるのかな？
酸素の場合なら、吸ったとき？
それとも細胞に届いて初めて「自分」になるの？

髪や爪は、体に付いていれば確かに「自分」の一部だけれど、切ったらもうそうではなくなってしまうのかな？

人の体の細胞は、5〜7年周期で入れ替わるそう。

じゃあ、数年前の自分と今の自分は別人なんだろうか？
そんなふうに考えると、

「宇宙」と「わたし」と「あなた」の間に境界なんてない

のかもしれないね。

[その**3**] 「ある」と「ない」

私たちは「見えるもの」「触れるもの」「聞こえるもの」「香りを嗅げる」ものについては「ある」と言う。

逆に、それらができないものについては、「ない」と思っている。

でも、人に「見えない」ものを昆虫は「見る」し、人に「聞こえない」ものをイルカは「聞く」し、人には「嗅げない」ものを犬は「嗅ぐ」。

**人が測定できないだけで、
もしかしたら存在しているかも
しれないものを**

「ない」と決めつけている

なんて、ナンセンスな話だと思わない？

［その**4**］ 思考と直観

子どもの頃から、「よく考えて行動しましょう」なんて言われてきたものだから、私たちはついつい**「考え過ぎ」**てしまう。

直観を
信じたほうが、
うまくいく

ことも多いのにね。

［その5］どっちを選ぶ？

例えば、同時に2つのことをしたいと思い立ったけれど、ある格言を思い出し、苦渋の決断で1つをあきらめたとする。

その格言とは「二兎を追うもの一兎をも得ず」。

でもね、「一石二鳥」とか「一挙両得」っていう格言もあることを忘れてない？

**なにを選ぶかは、
いつだって自分の自由なんだ！**

せっかくだから、

ThisWay

なにかを諦めなくても済む方の道

を選ぼうよ！

[その**6**] 前向きをやめる

手始めに、**ポジティブシンキングって
ヤツをやめてみよう！**

(無理なポジティブシンキングって、ますます自分の心の声を聞こえなくさせるからね)

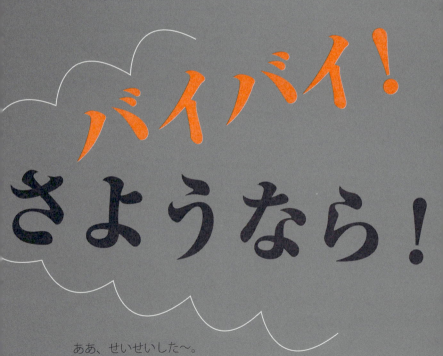

バイバイ！
さようなら！

ああ、せいせいした～。

[その7] NOの日

今まで「はいはい」と聞いてきた、だれかからの都合のいい頼み事。たまには、

> 1　できません！
> 2　したくありません！
> 3　自分でやれば？

と書いた紙を手渡して、「この中から自由に選んでね♡」とニコニコしながら言ってみるっていうのはどう？

だれの言うことも聞かない日

を、月イチでもいいからつくろう！

[その8] 不真面目のススメ

一生懸命働きづめなのがよいことで、日々遊びほうけることは悪いこと。

最初にそんなことを言ったのは、だれだったんだろう？

もしかすると、だれかが自分の野望を達成するために、そう信じこませているだけなのかもね。だって現実社会では、

アリは過労死、

キリギリスは印税生活

ということのほうが、よくあることだから……。

日本人って真面目だから、ウツになる人も多いみたいだけれど、時には不真面目になることも必要なんじゃないかと自分は思いますよ〜。

自分のやり方に
こだわりすぎてない？

そっちは数が多いよ

う〜ん う〜ん

こっちのほうが楽なのに

ムダなことを

［その9］ムダっていいよね！

少しだけ元気が出てきたかな？

次にオススメしたいのは「お金にならないこと」。

つまり

すること！

経済効率ばかり考えて、お金を求めすぎるから、今の時代は生きにくくなっているのかもね。

[その10] クリエイティブな悪口

この前、ちょっと面白いゲームを思いついたんだ。

だれかの悪口を、徹底的に紙に書きなぐっては破り捨てるというヤツ。

ＭＡＸで何人があなたの罵詈雑言の犠牲になるのかな？
１人あたり、どれだけたくさん書けるのか？

そして、自分なら **どれだけ**
クリエイティブ
な悪口 が書けると思う？

ギネスに挑戦するような勢いで、「悪口書き捨て選手権世界一」の栄冠を、あなたの頭上に輝かせよう！

[その11] 三日坊主

そうそう、前から気になっていたんだけれど、
三日坊主ってダメ なことなのかな？

1日、2日、3日と続けてみて、たとえ4日目ができなくても、5日目に思い出して、また始められたなら、それでもいいよね？

1回できなかったら、永遠に再開しちゃいけないの？

そっちのほうが変だよね！

[その12] 流されない

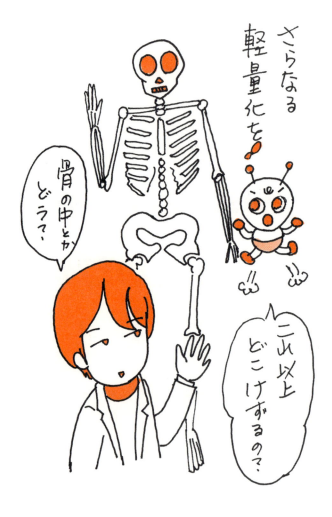

「夏までに〇〇ｋｇを目指そう！」
「ダイエットでスリムに！」

こんなＣＭをよく見かけるけれど、本当に痩せる必要なんてあるんだろうか？

統計では、戦後の食糧難のときよりも、今のほうが痩せているそうだし、世界を見ると、日本人は世界でも群を抜いてスマートなのにね。

一度言い返してみようか。

「人の体型のことなんか、放っておいて！」

まわりが言ってることに流されすぎないで、
それが本当に必要か
自分で判断する
ことが大切なんだよ。

[その13] 思い込みを見つける

ヨーロッパには、「風邪をひいて熱がでたときは水風呂に入って治す」という習慣もあるんだって！

日本人なら絶対悪化すると思う……。

なにが言いたいのかって？

受け止め方でどうにでも変わる

思い込みの

ですよ！

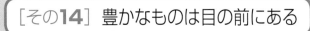

今、身近にある豊かなものに近づいてみたら？

- 暖かな日差し
- 道端で見つけた名前も知らない花
- 電車で隣に座った赤ちゃんの寝顔
- の笑顔

あなたが豊かさを感じるものってなにかな？書き込んでみよう！

失くして初めて大切だったと気づいたものは？
会えなくなって初めて好きだったことに気づいた人は？
振り返ってみよう。

視点を変えるんだ〜♡

じゐじる〜っ

別の角度から価値観を

[その15] 不要な心のクセは？

そもそも、最初はみんな元気いっぱいだったはず。

でも、途中で、いろいろな価値観と出合いすぎて、それを全部受け入れたために、身動きがとれなくなくなってしまったんだ。

アナタが背負ってしまった、ずっしりと重たいものはなんだろう？

そんなときは、

見つめなおしてみようよ!

［その16］考えすぎない

余計なことが思い浮かぶとき。

それって、たいてい、じっとしてるときだと思うんです。

だから、

**頭がグルグルと思考するのを
止めたいときには、**

体を動かせば
いいって
こと。

今度、パニックになったときは試してみてね。

図 もっと気楽になるための思い込みの外し方

[その17] あなたは引き寄せマン!?

引き寄せなんて、できたためしがないって？

心配事をあれこれ考えた末、それがもし今まで現実化してきたのだとしたら、あなたの**引き寄せ力は並大抵ではないレベルで「強い」**ってことだよ。

おめでとう！

でも次は、**いいことを引き寄せる**のに使ってみたらどうかな？

［その18］もうやめたいことは？

子どもの頃は、「一度物事を始めたら最後までやりなさい」とよく言われたけれど……、最後までって、死ぬまでってこと？

そういうことなら、うかつに始めることすらできないよね。

トライしてみたくなったら挑戦して、満足したらやめる。

こっちのほうが断然いいよね！

[その19] 自分の長所

今度は、自分に100個のほめ言葉をプレゼントしてみて！

なになに？
3つあたりで挫折したって？

シャランから、そんなあなたへ贈るほめ言葉は、

ほら、見つかった！

だよ！

自分へのほめ言葉を100個書い

てみよう!

[その**20**] 先入観を捨てる

小さくても

あなたが引き寄せているものの価値は、サイズに左右されない。

今日のオヤツもマイホームも等価なんだ。

でも

大きいものを引きよせたよ

巣に入りきらないよ

［その21］暗い気持ちからの脱出

人間って、つらいことや嫌なことばかりを、いつまでもよく覚えているんだって。脳がそんなふうにつくられているらしい。

落ち込むのは、スゴく自然なことだったんだ。

だから

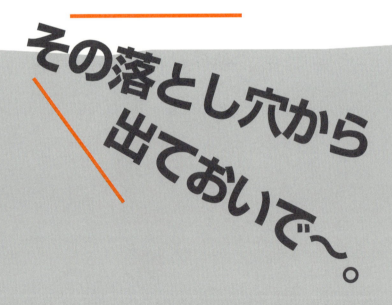

その落とし穴から出ておいで〜。

ここはあえて
楽しかった
書いてみて。

思い出を

8 もっと気楽になるための思い込みの外し方

[その**22**] 自分の特殊能力に気づこう！

PCの操作

街歩き

料理

あなたが日々、気楽　行動が、他人に　ことってたくさん

釣り

大工仕事

電球を替える

虫を捕まえる　掃除

裁縫　美味しい料理を出す店をたくさん知ってる

にとっている
とっては難しい
あるんだよ。

山歩き
方言で話す
知らない人と気軽に話すコミュ力

［その23］シャンパンと幸せの関係

自分から先に幸せになろう！

シャンパンタワーのトップがあなたの心のグラスだとしたら、そこに幸せという名のシャンパンを注いでいくことで、自然にまわりの人たち（下のグラス）も満たされていく。

他人に遠慮することなんて、ないんだよ。

[その24] サイテーの先にあるサイコー

意外に思うかもしれないけれど、**「最悪の気分」というのは、実はそれほど悪いものじゃない。**

それは、**打ち上げの点火を待つロケットのような状態** なんだ。

いいものにしろ、悪いものにしろ、人はだれもが変化を怖れる。

でもね、最悪の事態に面したり、最悪の気分になったなら、**思い切った一歩を踏み出そう、という勇気がわいてくる** でしょ？

それって、サイコーの

よく考えると
ことじゃない?

図 もっと気楽になるための思い込みの外し方

[その25] くだらないことでも大歓迎！

新しい1歩を踏みしたら、なにがし

自分の心に聞けば答えは
ちゃんと返ってくる。

ためしに問い掛けてみて。

そして、

**聞こえて
きた言葉を
メモして
みよう。**

出すとたい？

⑧ もっと気楽になるための思い込みの外し方

[その26] まわりをよく見る

「幸せって、手に入っても、すぐにどこかへ行っちゃう」

なんて考えたことはない？

幸せの基準は人それぞれで違う曖昧なものだけれど、

見落としている幸せが、きっと近くにあるはずだよ。

⑧もっと気楽になるための思い込みの外し方

[その27] 片っ端から幸せを探そう

今日、職場の課長が、「Aさんは優秀だけど、キミはダメだね」と言っていたんだ。

人と比べられるのって、あまり気分のいいものじゃない。

あれ？ 幸せについて考えようとしてたのに、いきなりイヤなことを思い出してしまった……。もうそういう考え方がクセになって、身体に染み込んでしまっているのかもね。

だけど、よく考えてみよう。

もし、**不幸なことを思い出したら、その反対になることをすれば幸せになれる**んじゃないかな？

いきなりは無理でも、こうやって少しずつでも幸せに近づいていけるんだ！

[その28] 比較

なんでもかんでも、人と比較されるのは本当にイヤなことだけれど、好きなことや得意なことなら別かもしれない。

たくさん経験を積んで、**だれと比べても抜きん出た能力を持つことは幸せなこと**だよね。

ちょっと現金な話だけれど、そういうときは、比べられるのも悪くない。

他人とだけじゃない。

過去の自分と比べて、成長したことの幸せを実感する

ことだってアリなんだ。

［その29］見えない変化

いくら好きなことでも、うまくいかないときだって当然あるよね。そんなときは、どう考えたらいいんだろう？

そういえば以前、ガーデニングをしている友人に聞いたことがある。

植物は先に根を延ばすから、大きく育つんだって！

人間も同じで、**目に見えるような変化が現れないときというのは、**

才能の根を伸ばしている

からなのかもしれないよ。

見えないからといって不安になって、
その根を掘り起こさないようにね！

図 もっと気楽になるための思い込みの外し方

［その30］当たり前の幸せ

超有名な幸せの秘訣に、確か「感謝する」っていうのがあった気がする。

感謝、感謝……感謝するものなんて、身近にあったかなあ。うーん、なんかヤバい宗教のようなノリで、ちょっとイヤかも。

気分転換にコーヒーでも飲もうか。

ウグッ！　ゴホッ！　ゲホッ！

（自分としたことが！　飲んでいたコーヒーが気管に入ってしまった！）

——1分後。

「はあ、死ぬかと思った……」
息ができるって、本当にありがたいことだよね。

……あれ？

これって、

だよね！

人って **なくなってみるまで、それが大切で幸せをもたらしてくれるものだということに気づかない** んだなあ。

[その**31**] 幸せを感じる瞬間を少しずつ増やす

今の仕事が大嫌い。休日だけは自分の趣味に没頭できるから、そこで生き返るような生活を、もうかれこれ何年も続けている。

例えるなら、平日は

ゾンビ

のような状態かな！

だからといって、今の仕事を辞めて趣味一本で生きていく勇気もない。

でも、本当にモンスターに立ち向かうレベルのスゴい勇気が必要なんだろうか？

そんなことはない。

もし、イラストレーターになりたいなら、今の時代、インターネットを活用して、世の中に発信していくことができる。いくらでも道を切り開く方法はあるんだ。

一度に全部変えなくても、

できる範囲から挑戦

してみたらいいんじゃないかな？

したいことができないというのが、幸せを引き寄せることから、もっともかけ離れている状態なんだから。

［その32］先延ばしにしない

自分の体験になるけれど、好きなことに割く時間をつくるようにしたら、気づいたことがあった。

それは、お金がないから、時間がないから、定年したらとか、**いろいろな理由をつけて、楽しみを先延ばしにしていた** ということ。

趣味に没頭していると集中力が高まりすぎて「無心」になれることがあるんだけれど、そのときは **日頃の嫌なことから、完全に解放** された感じがするんだ！

当たり前のことかもしれないけれど、

自分が心から好きなことなら、諦めるより

したほうが絶対幸せ だよ!

［その33］ NGワード

これからは「どうして自分はこんなにダメなんだろう？」という言葉は禁句だよ〜。

そんな考えに飲み込まれそうになったら、とりあえず落ち着いてから、

「自分の どこが 素晴らしい のか？」

と尋ねて、ネガティブな気持ちを塗りつぶしてしまおう！

そして、逆にハッピーな意識を取り戻すんだ。

引き寄せリバウンドを回避する

いきなり急激な変化を迎えると、たとえそれが、良い変化だったとしても、人にとってはストレスになる。

そうなると、ダイエットと同じで、引き寄せだってリバウンドしちゃうんです！

じゃあ、リバウンドしないように変化するにはどうしたらいいのかな？

そのコツは、**黒から白へ急激に変化しようとしないこと。**

ゆるやかに変化していくことが大切なんだ。

最後は、その変化の途中でハマることがある「思考の迷路」から抜け出すための方法についてまとめてみました！

「急がば回れ」という言葉は、「引き寄せ」の世界のためにあったと言ってもいいくらいなんです。

ネガティブな思考の迷路(ループ)から エスケープしよう!

1. お金の迷路

お金がない

↓

ストレスがたまる

↓

同じような状態の人たちと愚痴を言い合うために飲み会に行く。または安物をたくさん買う

↓

だからいつもお金がない

このループからは、こんな感じで脱出できるはず……

お金がない

↓

ストレスがたまる

↓

愚痴大会の飲み会には行かないで、本当にしてみたいこと(スキルを身につけるとか)にお金を使ってみる。または、安物をたくさんではなく、本当に欲しい物を1つだけ買う

↓

満足感が長つづきする

↓

ストレスが少し減る

↓

無駄遣いが減って少しお金に余裕ができる

2．自分を嫌う迷路

```
自分のことが嫌い
    ↓
だから人ともうまくいかない
    ↓
そんな自分をさらに嫌いになる
    ↓
やっぱり自分が大嫌い！
```

このループからは、こんな感じで脱出できるはず……

```
自分のことが嫌い
    ↓
でも、それはおいておいて、
一度はためしに自分をほめてみる
    ↓
自分にもいいところがあったことを思い出す
    ↓
まわりの人との関係も徐々に良くなってくる
    ↓
だんだん自分のことが好きになってきた！
```

3. 変化が怖いという迷路

変化が怖い

だから、いつも同じ環境にいる

その環境は、いろいろと煮詰まっていて息苦しい

でも、変わるのが怖い

このループからは、こんな感じで脱出できるはず……

変化が怖い

それなら、怖くない範囲で情報だけ集めてみようかな？

大冒険しなくても、できそうな情報を見つけた

少しずつ始めてみたら、すっかり煮詰まっていた世界から、いつの間にか飛び立っていた！

自然に変化できていた自分を発見

4．自己イメージが低いという迷路

> 子どもの頃、親や先生に
> 「ダメな人間だ」と言われ、傷付いたことがある

> 自分でもその通りだと今でも思っている

> どうせなにをやってもダメだ

> なにをする気も起きないから、なにもできない

> やっぱり自分は親や先生が言ったとおりのダメ人間なんだ

このループからは、こんな感じで脱出できるはず……

> 子どもの頃、親や先生に
> 「ダメな人間だ」と言われ、傷付いたことがある

> そのことを疑ってみることにした

> 周囲に反対されていたことに少しずつ挑戦してみた

> できたところまでで十分と自分をほめてみる

> 自分にできることもあることが分かった！

> ダメ人間だと思い込まされていただけで、
> 本当はそうじゃない事実に気が付いた

5. ルックスや恋愛・結婚の迷路

自分はイケメンや美人ではない

たまにほめられることがあっても、
「ウソ」だと勘繰ってしまう

物事を素直に受け止められないので、恋人も逃げていく

内面を含めて、ますます自信がなくなる

このループからは、こんな感じで脱出できるはず……

自分はイケメンや美人ではない

世の中を見渡せばいろいろな容姿の人が結婚している

こんなことを言うとアレだけれど、どちらかというと優れた容姿とは言えない人たちも結婚している

人の好みはそれぞれだと思う

もしかして、自分にもチャンスがあるのでは？

そう思ったら、自分のルックスの
いいところも見えてきた！

6. 年齢制限の迷路

もう若くない

自分にはもう可能性がなにもない

そう考えると、なおさら老け込む気がする

このループからは、こんな感じで脱出できるはず……

もう若くない

でも自分より歳上なのに、いろいろなことにチャレンジしている人を見つけた

もしかして自分で自分を制限していただけかも？

やれるところまでやってみよう

実は年齢は関係なかった！

生まれてきてから今まで、「お前には無理だ」とか「あきらめろ」とか、言われたことのない人なんているのかな？

こうしたネガティブなフレーズというのは、すべての日本人全体にもう伝染してしまった、ある意味、悪い病気なのかもしれない。

そこで、1つ提案です。

<small>みんなで</small> 今日から、その「くちグセ」をやめちゃうってのは、どう！？

それって、

最高に楽しい実験

じゃない？

エピローグ

最後まで「パラめく」していただき、本当にありがとうございます。

なにも分からないまま、手探りで引き寄せの情報を集めては、あれやこれやと見当違いの行動をして結果を出せずにいた過去の自分。

この本は、同じような状況で悩み続ける方々のお役に立てればという思いから生まれました。

「なにをすれば、望むものを引き寄せられるんだろう？」

自分もかつては、そのことで頭がいっぱいでした。

でも実は、そうした考え方こそが大きな落とし穴だったのです。

「なにをすれば良いのか？」ではなく、

「なにをしたらダメなのか？」

が重要だったのです。

この一言こそが、あのとき、わけも分からず闇雲になにかをしようとしていた過去の自分に、そして、今、皆さんに一番贈りたい言葉です。

ということで、ここで自分が日頃気をつけている、5つの引き寄せに関するタブーを。

1つ　自分を嫌わない

2つ　5つの穴からエネルギーを漏らさない

　　　心配・トラウマ・トラブル・自責の念・責任転嫁

3つ　ブレーキをかけたままアクセルを吹かさない

4つ　怖がりすぎてハンドルにしがみつかない

5つ　人生を一気に変えようとしない

あっ！　でも、継続していただきたいことが1つだけあります。

それは、どうしても先へ進む道が見えなくなったときは、
この本を「パラめく」し続けることです！（笑）

おまけ 引き寄せMAP

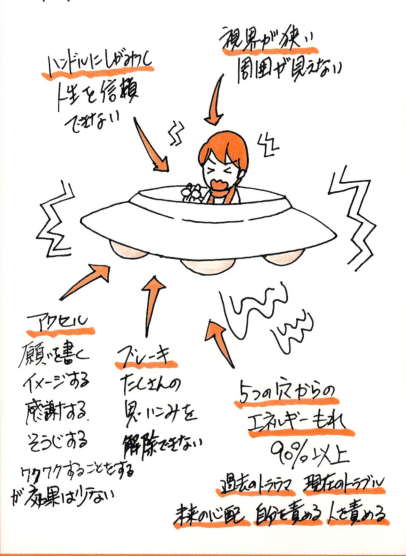

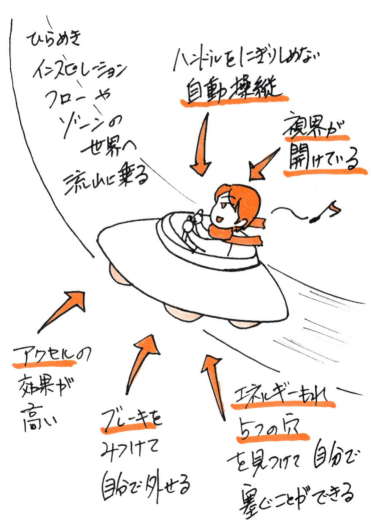

［著者］
シャラン Syaran

長崎県出身。医療関係、デザイン関係の仕事をしながら、30年間にわたって引き寄せについて学び、実践を続け、引き寄せの基礎力をアップする方法を探求する。現在は、関西を中心にセッションやセミナーを開催、セラピストとして活躍。インターネットラジオ、FM京都GIGにて「シャランのメンタルパラダイムシフト」（毎週火曜日17：30〜18：00）を好評配信中。大阪在住。
http://syaran.com/